JÓVENES EXPLORADORES HEMMA

ANIMALES NOCTURNOS

Christopher Tunney

Diseñado por David Nash

Ilustradores
Mike Atkinson y John Francis

Hemma
ediciones

Cada tarde, cuando se pone el sol y la oscuridad vuelve a cubrir el mundo, muchas criaturas silvestres se disponen a dormir. Sin embargo, para otros animales la llegada de la noche es el momento de despertar, de salir de sus escondrijos y buscar comida. Son animales nocturnos, es decir, activos por la noche, y sus cinco sentidos están adaptados para vivir en ese mundo.

3

El mundo del crepúsculo

Cuando la luz del ocaso cubre bosques y campos, muchos de los animales que han tenido un día activo regresan a sus madrigueras o nidos a descansar. Pero las criaturas que prefieren la media luz, salen a la intemperie a buscar comida.

Los ciervos leonados pacen, siempre alerta, hojas y frutos pequeños. El tejón sale de su escondrijo y está a salvo de los ataques. Tiene cuerpo fuerte y garras afiladas. En cambio, el tímido conejo debe cuidarse de las comadrejas, lechuzas y, sobre todo, de la zorra veloz y astuta.

La mofeta también es enemiga del conejo y mata a cualquier mamífero pequeño que encuentre. Se zambulle en las corrientes de agua para capturar ranas o anguilas. El puerco espín escarba en la maleza y aunque hace ruido lo resguarda su abrigo de púas. En los rincones oscuros, los lirones y los ratones de campo mordisquean nerviosos. El feroz búho revolotea en silencio y el chotacabras caza con estrépito mariposas nocturnas.

Visión nocturna

Algunos animales nocturnos que dependen de la vista para orientarse tienen unos ojos enormes que permiten la entrada de mucha luz. Cuando está oscuro, pueden ver con mayor claridad que nosotros. El búho puede localizar a su presa cuando apenas hay luz.

Pero es miope y siempre caza cerca del suelo. La mayoría de los animales nocturnos también puede ver a la luz del día. Entonces, sus pupilas se hacen muy pequeñas para impedir que la luz intensa les estropee el cristalino, que es la lente del ojo.

Los animales nocturnos no ven los colores; todo lo ven en blanco y negro.

día   noche

Las pupilas del búho se agrandan en la oscuridad para dejar pasar el máximo de luz.

ojo humano

ojo de búho

El ojo del búho, con una gran lente y forma de tubo, tiene una visión más aguda que el ojo humano.

Por la noche, el tarsero brinca de rama en rama, cazando insectos y lagartijas. En proporción con su cuerpo, tiene los ojos más grandes de todos los mamíferos. Vive en el sudeste de Asia.

Los búhos no pueden mover los ojos, siempre miran hacia el frente. Para mirar hacia cualquier otra parte mueven la cabeza. Pueden girarla casi por completo y también de arriba abajo. Cuando calcula la distancia que lo separa de un objeto, a veces el búho gira la cabeza y así observa el objeto desde diferentes ángulos.

Los murciélagos son casi ciegos pero se orientan fácilmente. Incluso en la oscuridad total, pueden volar sobre los tejados, deslizarse por pequeñas rendijas y pasar entre el cableado de los postes de teléfono. Cazan mariposas nocturnas y calculan con exactitud el trayecto en zig-zag de su vuelo. La habilidad les viene de un sentido especial del oído que funciona como un radar. Sin él, estos mamíferos voladores estarían indefensos.

hoyuelo

La víbora de hoyuelos tiene una cavidad a cada lado de la cabeza con la que detecta el calor. Los pequeños animales de los que se alimenta desprenden calor. Así la serpiente puede encontrar a su presa en la oscuridad.

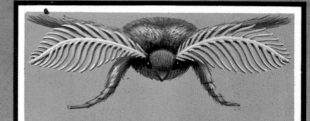

Las mariposas nocturnas que buscan néctar encuentran flores utilizando su agudo sentido del olfato. Detectan el aroma de las flores a bastante distancia con los "sensores" que tienen en la cabeza.

Un sexto sentido

Como muchos animales, tenemos contacto con el mundo que nos rodea a través de nuestros cinco sentidos: vista, oído, olfato, gusto y tacto. Pero al parecer algunas criaturas, sobre todo los animales nocturnos, tienen un sexto sentido. La oscuridad está llena de señales que sólo ellos detectan.

Por lo común, este sentido adicional consiste en una mayor agudeza de uno o más de los cinco sentidos básicos. Pero a veces algún animal posee un órgano sensorial poco frecuente.

La serpiente de hoyuelos, por ejemplo, tiene un detector del calor y puede percibir a los pequeños animales de sangre caliente que están cerca.

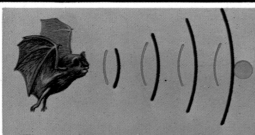

El murciélago produce sonidos muy agudos que los seres humanos no pueden oír. Vuela y se orienta en la oscuridad escuchando el eco de esos sonidos, que rebotan cuando chocan con algún obstáculo.

El pez que nada en la oscuridad del fondo marino sabe que hay rocas y otros obstáculos en su camino antes de encontrarlos. Su piel, muy sensible, nota pequeños cambios de presión en el agua que ocurren alrededor de los obstáculos.

búho enano

coyote

rata canguro
de cola larga

monstruo de Gila

ente de
bel

10

El desierto por la noche

Durante el día, los animales del desierto se esconden en hoyos y madrigueras, lejos de los rayos abrasadores del sol, y el lugar parece vacío. Pero de noche, el desierto cobra vida y aparecen muchos animales diferentes. En el dibujo pueden verse algunas de las criaturas que viven en los desiertos de América del Norte.

El búho enano vuela de su nido, a un agujero en un cactus. Escudriña el suelo con sus grandes ojos en busca de animales pequeños. Algunas de sus presas son roedores como la rata canguro de cola larga. Un monstruo de Gila, lagarto venenoso, observa a un escorpión, mientras una serpiente de cascabel acecha a su presa. El zorro de orejas grandes se prepara para lanzarse sobre un lagarto. Y un coyote aúlla mientras espera recoger lo que otros animales dejen a su paso.

zorro de orejas grandes

lagarto listado

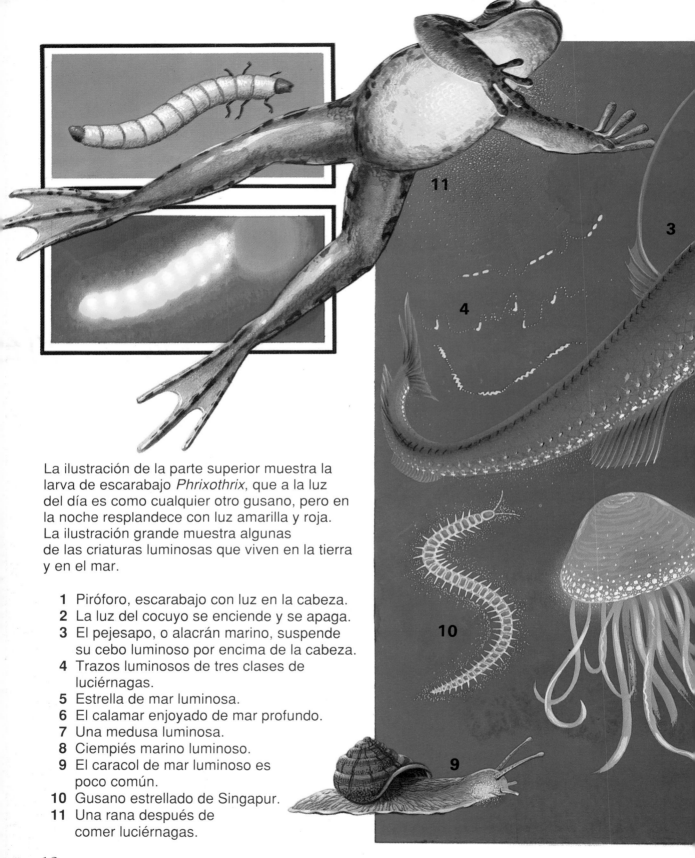

La ilustración de la parte superior muestra la larva de escarabajo *Phrixothrix*, que a la luz del día es como cualquier otro gusano, pero en la noche resplandece con luz amarilla y roja. La ilustración grande muestra algunas de las criaturas luminosas que viven en la tierra y en el mar.

1 Piróforo, escarabajo con luz en la cabeza.
2 La luz del cocuyo se enciende y se apaga.
3 El pejesapo, o alacrán marino, suspende su cebo luminoso por encima de la cabeza.
4 Trazos luminosos de tres clases de luciérnagas.
5 Estrella de mar luminosa.
6 El calamar enjoyado de mar profundo.
7 Una medusa luminosa.
8 Ciempiés marino luminoso.
9 El caracol de mar luminoso es poco común.
10 Gusano estrellado de Singapur.
11 Una rana después de comer luciérnagas.

12

ANIMALES NOCTURNOS

Al anochecer, en los bosques y los campos se pueden ver muchas criaturas nocturnas. Las zorras rojas salen a cazar roedores como los ratones de bosque. Las zorras enseñan a sus cachorros a cazar solos. Después de tres meses, los cachorros están listos para dejar a sus padres. Los búhos vuelan casi en silencio en la oscuridad. Sus plumas mullidas amortiguan el sonido de su aleteo y así atacan a sus presas sin que éstas los descubran. Los búhos de granero hacen su nido en viejas granjas, pero los búhos pequeños anidan en los bosques. Los tejones viven en guaridas que excavan en el suelo y salen sólo de noche en busca de lombrices, frutos secos y bayas para alimentarse. El erizo husmea el alimento con el hocico. Cuando percibe peligro se enrosca y forma una bolita de espinas. Los murciélagos, los únicos mamíferos que pueden volar, también salen por la noche a buscar alimento.

Para retirar el cartel, levanta con cuidado los extremos de las grapas con unas tijeras. Saca el cartel del libro y después cierra los extremos de las grapas para ponerlas de nuevo en su lugar.

ANIMALES NOCTURNOS

1. **Búho**
2. **Búho de granero**
3. **Erizo**
4. **Cachorros de zorra roja**
5. **Zorras rojas**
6. **Murciélagos**
7. **Ratón de bosque**
8. **Tejones**

Luz viva

Las criaturas más extrañas y hermosas de la oscuridad son las que producen su propia luz. Algunas parecen luminosas joyas vivas. Pero su aspecto es bastante común a la luz del día. Su luz les ayuda a encontrar el camino por la noche; con ella asustan a sus enemigos y, a veces, atraen a una pareja.

Muchos animales con luz propia viven en la interminable oscuridad de las profundidades marinas.

Los animales con "luz viva" más conocidos son las luciérnagas, que centellean en arbustos y árboles durante el verano. A veces le prestan su luz a la rana que se las come. Después de una comilona de luciérnagas, la rana parece un farolito saltarín.

Noche en la selva

La selva lluviosa tropical es tan rica en vida animal como en vida vegetal. Al anochecer, muchas criaturas se dirigen a un río o a un estanque de la selva para beber. Entre ellas, está el pequeño muntyac o ciervo que ladra, cuya única defensa ante el ataque es la huida. El tímido animalito se siente seguro en la oscuridad. Ignora que el peligro está cerca. El tigre, que se ha protegido del calor diurno en la hierba fresca, está listo para su comida vespertina.

La bestia hambrienta vigila y espera a la orilla del agua hasta que el ciervo inclina la cabeza para beber. Entonces, rugiendo salvajemente, sale de su escondite de un salto para matar a la criatura indefensa.

También los elefantes bajan a beber al río cuando anochece. Pero no tienen por qué temer ningún ataque. Se desplazan casi con tanta lentitud como el lori de grandes ojos, que se pasa el día enroscado en un árbol. Por la noche, da largos y lentos paseos entre las ramas, donde las ranas de árbol capturan insectos con sus largas y pegajosas lenguas.

Si no van con cuidado, las ranas pueden ser capturadas por otro cazador: la serpiente pitón, que cuelga callada y vigilante de una rama, esperando la oportunidad de atacar.

Noche sin fin

La gruta es muchos mundos en uno. Para algunos animales, incluidas las salamandras, ciempiés y arañas, es el único mundo que existe. Pasan la vida en silencio y a oscuras.

Para otros animales, incluidos murciélagos y mariposas nocturnas, la gruta es una casa segura donde dormir en las horas del día. Al anochecer hay un batir de alas cuando los durmientes despiertan y emprenden el vuelo hacia el aire fresco para cazar.

Los estanques en el suelo de la gruta son la casa de animales como el langostino de agua dulce. Y cerca de la boca de la gruta, hay muchos otros que entran y salen. Entre ellos, lombrices, caracoles y sapos.

1 El ciempiés caza insectos en lugares oscuros y húmedos.
2 La salamandra proteo ciega vive en los estanques de las grutas.
3 De noche, el langostino se arrastra por el fondo de los estanques.
4 En las noches húmedas, algunas lombrices buscan hojas y las arrastran a sus guaridas para comérselas.
5 El caracol ha de mantener el cuerpo húmedo, por eso sale de noche cuando hay humedad.
6 Las mariposas nocturnas se esconden de sus enemigos durante el día.

La noche en el jardín

De noche, el jardín está en silencio. No hay personas que rían y hablen. Duermen los pájaros que gorjearon en las ramas todo el día. Pero bajo el claro de luna, el jardín no está vacío. Sólo lo parece, porque las criaturas de la noche son más silenciosas que las del día.

Un topo abre laboriosamente una salida hasta el suelo en busca de gusanos y va dejando una hilera de montoncitos de tierra que marcan su camino. Una rata olfatea sospechosa a un gran ciervo volador para ver si le gustaría comérselo. Un erizo no tiene dudas sobre la babosa que ha encontrado. Es lo que ha estado buscando toda la tarde.

Cerca de la casa, un zorro se asusta y alarma a todos los demás cuando vuelca un basurero. Sabe que a veces hay golosinas muy sabrosas adentro. Una mariposa esfinge huye para salvarse de un murciélago que desciende rápidamente sobre ella. Y desde el sillón del jardín, el gato doméstico contempla la agitada escena. El gato es una criatura tanto del día como de la noche y se siente totalmente a gusto con los demás animales nocturnos.

pingüinos duende

Aves de la noche

Para las aves que no pueden volar, la oscuridad es una buena defensa. El pequeño pingüino duende anida en una madriguera y sale en la noche a cazar peces. El estruendoso cacapú, un perico que no vuela, se oculta hasta que cae la noche. Uno de sus alimentos favoritos es el néctar y usa su sentido del olfato para encontrar flores en la oscuridad. El kiwi tampoco puede volar. Durante el día, se enrolla como una bolita y duerme. Por la noche, se escabulle para buscar larvas y gusanos con su pico largo y afilado.

cacapús

kiwi

canguro

Los pequeños ratones marsupiales de Australia abandonan el nido en la noche para cazar insectos.

diablo de Tasmania

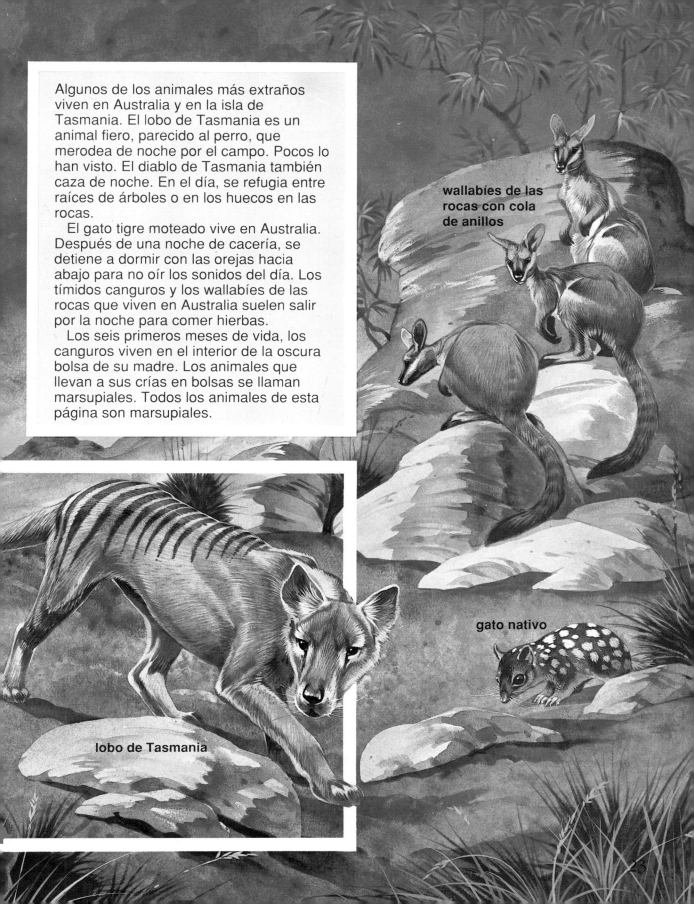

Algunos de los animales más extraños viven en Australia y en la isla de Tasmania. El lobo de Tasmania es un animal fiero, parecido al perro, que merodea de noche por el campo. Pocos lo han visto. El diablo de Tasmania también caza de noche. En el día, se refugia entre raíces de árboles o en los huecos en las rocas.

El gato tigre moteado vive en Australia. Después de una noche de cacería, se detiene a dormir con las orejas hacia abajo para no oír los sonidos del día. Los tímidos canguros y los wallabíes de las rocas que viven en Australia suelen salir por la noche para comer hierbas.

Los seis primeros meses de vida, los canguros viven en el interior de la oscura bolsa de su madre. Los animales que llevan a sus crías en bolsas se llaman marsupiales. Todos los animales de esta página son marsupiales.

wallabíes de las rocas con cola de anillos

gato nativo

lobo de Tasmania

23

Índice

© 1978, 1987, Grisewood & Dempsey Ltd.
Publicado con licencia de Larousse PLC
"D. R." © 1996, por Ediciones Larousse, S. A. de C. V.
Dinamarca núm. 81
México 06600, D. F.

Esta obra no puede ser reproducida, total o parcialmente, sin autorización escrita del editor.

PRIMERA EDICIÓN

ISBN 0-86272-296-9 (Grisewood & Dempsey Ltd)
ISBN 970-607-573-9 (Ediciones Larousse, S. A. de C. V.)

Animales nocturnos se imprimió y encuadernó en Gráficas Monte Albán, S.A. de C.V.
Fraccionamiento Agro-Industrial La Cruz, Querétaro, Qro., en septiembre de 1996. Se tiraron 10,000 ejemplares.